Entwurf

einer

Gemeinheitstheilungs-Verordnung

für

die Preußischen Staaten.

Als Vorschlag

zur Prüfung vorgelegt

vom

Staatsrath Thaer.

Berlin, 1813.
In der Realschulbuchhandlung.

Ich verbinde mit dem Versuch einer Ausmittelung des Rein-Ertrages der productiven Grundstücke den Entwurf eines Gemeinheitstheilungs-Gesetzes, so wie er, zufolge der in einer besonderen Commission Statt gefundenen Verhandlungen, zuletzt bearbeitet ward, weil ich es für wichtig halte, daß in Angelegenheiten dieser Art die Stimme jedes Verständigen gehört werde. Beide Gegenstände haben so vielfachen Bezug auf einander, daß das vorgeschlagene Verfahren nur nach diesem richtig beurtheilet werden kann.

Man wird dem vorgeschlagenen Verfahren bei Gemeinheitstheilungen vielleicht entgegensetzen, daß es zu weitläuftig sey, und daß manche Theilungen auf eine weit einfachere Weise vollführt werden können. Aber diese ist im gütlichen Vergleiche, den die Schiedsrichter immer versuchen müssen, nicht ausgeschlossen; und ein solcher wird häufiger zu Stande kommen, wenn die aus Vorurtheil oder mißverstandenem Interesse widerstrebende Partei nun einsiehet, daß sie die Ausführung nicht weiter hindern könne. Wo aber eine gütliche Auseinandersetzung im Pausch und Bogen nicht bewirkt werden kann, da erfordert das erste Grundprinzip des Staats, das Eigenthum, wenn es zum allgemeinen Besten ohne Zweifel anders modificirt werden darf, doch gegen jede mögliche Kränkung zu sichern. Dies aber kann nicht wohl auf eine andre so sichere und einfache Weise, wie im folgenden Gesetzentwurfe, geschehen.

Denn daß das ganze Verfahren auf dem Grunde des strengsten Rechts beruhe, wird niemand verkennen, der nicht etwa die gewöhnlichen Formen der Justiz mit der Gerechtigkeit selbst verwechselt.

---

§. 1.

Gleich nach Bekanntmachung dieses Edicts beruft der Director jedes Kreises:

a) die Besitzer der Ritter- und anderer größeren freien Güter, die zu keiner Dorfgemeinde gehören;

b) eine ungefähr gleiche Zahl verständiger Dorfschulzen und in deren Ermangelung andere verständige Männer aus dem Bauerstande des Kreises.

zur Wahl der Land- oder Kreisverordneten, — welche eine theils consultative, theils schiedsrichterliche Behörde in allen landwirthschaftlichen Angelegenheiten, und besonders für das Theilungs- und Abfindungsgeschäft ausmachen sollen — zusammen.

Nachdem er ihnen den Zweck der Convocation erklärt und dieses Edict nöthigen Falls vorgelesen hat, legt er ihnen eine Liste vor, von denen, welche er zu dieser Wahl qualifizirt hält. Es müssen unbescholtene, der Landwirthschaft und ihrer örtlichen Verfassung kundige, im Schreiben und Rechnen geübte Männer seyn, die insbesondere nicht in dem Rufe von Winkeladvocaten und streitsüchtigen Leuten stehen. So viel möglich müssen sie aus allen Gegenden des Kreises genommen werden, und eine ungefähr gleiche Anzahl von Rittergutsbesitzern als von andern Personen benannt seyn.

Es steht nun jedem zur Wahl Berufenen frei, mehrere dazu geeignete Personen vorzuschlagen, und wenn dagegen keine erheblichen Einwendungen gemacht werden, worüber dem Kreisdirector die Entscheidung zukommt, werden sie der Liste hinzugefügt.

§. 2.

Ist die Zahl der Wähler aus beiden Klassen a und b gleich, oder kann eine Gleichheit durch den freiwilligen oder durch das Loos zu bestimmenden Austritt des einen oder andern bewirkt werden, so wird die Wahl gemeinschaftlich angestellt.

Sonst wählt jede Klasse besonders, welches ebenfalls dann geschehen muß, wenn eine es ausdrücklich verlangt. Die Zahl der zu wählenden Kreisverordneten wird nun durch Uebereinkunft der Wählenden bestimmt; jedoch müssen mindestens 6 solcher Männer, welche keine Gründe haben können, dies Amt nach §. 3. auszuschlagen, erwählt werden. Die Wahl kann nur auf $\frac{2}{3}$ derjenigen, die auf die Wahlliste gesetzt worden, ausgedehnt werden, weswegen wenigstens 9 Wahlfähige auf die Liste kommen müssen.

Jeder Wählende giebt nun einen Zettel ab, worauf er die Nahmen von 3 bis 5 auf der Wahlliste stehenden Männer geschrieben hat. Die Zahl derer, welche jeder nennen soll, hängt von dem Ermessen des Kreisdirectors ab, welches sich nach der Zahl der Wählenden richtet.

Diejenigen, welche bis zu der bestimmten Zahl die meisten Stimmen haben, sind ohne Unterschied des Standes zu Kreisverordneten erwählt, und folgen auf einander nach der Anzahl der Stimmen, die sie hatten.

Sollten auf den Wahlzetteln nicht so viele Nahmen stehen, als bestimmt worden sind, so hat es, falls nur 6 erwählt sind, vorerst sein Bewenden dabei. Wäre aber auch diese Zahl nicht erfüllt, so muß es durch eine besondere Nachwahl, die auf gleiche Weise angestellt wird, geschehen. Jedermann hat die Verpflichtung, die auf ihn gefallene Wahl als ein ehrenvolles Communalamt aus Staatsbürgerpflicht anzunehmen.

§. 3.

Entschuldigt sind hiervon nur:

a) Personen, welche in solchen Diensten des Staats stehen, die mit unablässigen wichtigen und höheren Geschäften verbunden sind. Desgleichen Prediger, Schullehrer und practisirende Aerzte.

b) Diejenigen, die das 60ste Jahr überschritten haben.

c) Diejenigen, welche feierlich und auf ihr Gewissen erklären, daß sie die erforderlichen Eigenschaften und Kenntnisse nicht besitzen.

d) Diejenigen, welche in Diensten eines andern stehen, und die Einwilligung ihres Prinzipals nicht erhalten haben.

§. 4.

Die Erwählten werden vom Kreisdirector zusammenberufen, und von ihm eidlich verpflichtet:

daß sie die ihnen aufzutragenden und übernommenen Geschäfte nach den Vorschriften und nach ihrem besten Wissen und Willen ausführen, sich aller eigennützigen Absichten und ungebührenden Partheilichkeiten enthalten, sich vielmehr als rechtschaffne Schiedsrichter zur Beförderung des allgemeinen Bestens verhalten wollen.

Sie heißen alsdann Kreisverordnete (oder Landverordnete) und ihre Ernennung wird öffentlich bekannt gemacht.

§. 5.

Sie wählen unter sich einen Vorsteher, der zwar die Geschäfte eines Kreisverordneten auch übernehmen kann, dessen besondere Geschäfte aber sich aus der Folge ergeben werden.

Die Wahl wird auf denjenigen zu richten seyn, dem man vorzügliche Kenntnisse in diesem Geschäfte und ausgezeichnete Thätigkeit zutrauet, der aber dabei nicht schon mit andern Geschäften überhäuft ist.

Er behält sein Amt 8 Jahre, und kann alsdann wieder erwählt werden, in welchem Falle er eine besondere Auszuor nung derhalten wird.

§. 6.

So wie einer oder der andere Kreisverordnete abgeht, wird, wenn es nöthig scheint oder wenn nicht wenigstens 6 übrig bleiben, eine andre Wahl auf dieselbe Weise veranstaltet.

§. 7.

Nach 5 Jahren hat ein jeder das Recht, seinen Austritt zu fordern, wenn er nicht länger bleiben will; jedoch muß die Hälfte der zuerst gewählten 8 Jahre bleiben, und wenn nicht eine freiwillige Uebereinkunft Statt fände, entscheidet das Loos, wer austreten kann Aus diesen Landverordneten werden für jeden besonderen Fall die Schiedsrichter auf die §. 21. 28. 29. angegebene Weise gewählet.

§. 8.

Es wird eine obere Behörde in jedem Regierungsdepartement in Verbindung mit der Provinzialregierung bestellet werden, an welche die Beschwerden der Interessenten zu fernerer und letzter Entscheidung gelangen können.

§. 9.

Zur Begründung einer solchen Appellation ist erforderlich, daß ein Landverordneter des Kreises bezeuge, die Beschwerde der Partei gegen das Verfahren oder die Aussprüche der Commission verdiene eine nähere Untersuchung.

§. 10.

Wenn eine solche Beschwerde nach der Prüfung der oberen Behörde gerecht zu seyn scheint, so verfügt diese eine Untersuchung derselben durch eine andre Commission, und berichtigt, verändert, modifizirt den Theilungsplan, oder bestätiget ihn in letzter Instanz.

§. 11.

Die Gegenstände, welche von diesen Behörden ausschließlich und ohne alle Mitwirkung der Justiz- und anderer Behörden auf den Antrag einer Partei ausgemittelt werden sollen, sind folgende:

a) Die Theilung gemeinschaftlich besessener oder benutzter Grundstücke (unter Grundstücken werden auch Gewässer und zu landwirthschaftlichem Gebrauche gewidmete Gebäude hier verstanden).

b) Die Abfindung besonderer Benutzungen und Berechtigungen auf den Grundstücken anderer, welche deren freien oder höheren Benutzung entgegenstehen.

c) Der Umsatz oder der Austausch der Grundstücke, wo solcher zur höheren Benutzung derselben erforderlich ist.

d) Die Abfindung oder genauere Bestimmung unbestimmter Naturalabgaben und Leistungen auf ein festzusetzendes Maaß, Gewicht und Zahl,

§. 12

Auch haben diese Behörden über Anträge zu einer vortheilhafteren Einrichtung der gemeinschaftlichen Benutzung, falls solche den Umständen nach nicht ganz aufgehoben werden könnte, zu entscheiden, und eine bessere für alle Parteien vortheilhaftere Einrichtung zu treffen, deren Dauer aber doch höchstens nur auf 12 Jahre bestimmt werden darf.

§. 13

Alle Verträge, wodurch vor Bekanntmachung dieser Verordnung die Unauflöslichkeit einer Servitut oder Gemeinheit ausdrücklich ausbedungen worden, verpflichten nur dazu, daß die Gemeinheit oder Servitut 12 Jahre nach dieser Bekanntmachung nicht ohne gemeinschaftliche Uebereinkunft beider Theile aufgehoben werden könne. Nach Ablauf dieser Zeit tritt aber die Berechtigung auf Auseinandersetzung einseitig anzutragen, des Vorbehalts ungeachtet, ein.

§. 14.

Solche Servitute, welche der Staat auf den Grund der Landeshoheit ausübt, oder wobei ein polizeyliches Interesse obwaltet, können ohne Genehmigung der Regierung nicht abgelöst werden, und in zweifelhaften Fällen müssen die Behörden zuvor bei derselben anfragen.

§. 15.

Ferner kann die Ablösung von Communalleistungen und von solchen, wo es darauf ankommt, daß eine große Masse von Kräften auf einen Zeitpunkt und in einem Zeitraume concentrirt werde, nicht unbedingt gefordert werden; indem in letzterem Falle den Berechtigten oft kein zureichendes Aequivalent gegeben werden kann, oder dieses doch den Vortheil überwiegen würde, den die Verpflichteten von der Aufhebung hätten.

§. 16.

Geld und bestimmte Naturalabgaben können ohne Einwilligung beider Theile nicht abgelöst werden. Jedoch kann ihre Leistung sowohl als ihre Erhebung einem andern übertragen werden, wenn solches mit völliger Sicherheit und ohne mehrere Beschwerde für beide Theile geschehen kann.

§. 17.

Servitute, welche zur Cultur und besseren Benutzung eines anderen Grundstücks nothwendig sind, wie Entwässerungs- und Bewässerungs-Vorrichtungen, Communikationen durch Wege, können nicht aufgehoben, sondern nur auf solche Weise abgeändert werden, daß dem Belasteten und Berechtigten kein Nachtheil daraus erwachse.

Vielmehr müssen neue Einrichtungen dieser Art gestattet werden, wenn ein vollständiger Ersatz gegen alle daraus erwachsenden Nachtheile und besorgliche Schäden geleistet und festgesetzt wird.

§. 18.

Der Ersatz kann durch landwirthschaftliche Grundstücke, durch Aufhebung und Abtretung anderer Rechte, durch Capital, Geld oder einen gemessenen Naturalzins nach Bestimmung der Separationsbehörden gegeben werden.

Dienst- und Hülfsleistungen können nicht als Hauptentschädigung auf beständig festgesetzt werden, doch sind sie als Ausgleichungen und zur Erleichterung der ersten Einrichtung auf einen Termin von 12 Jahren zulässig.

Wenn nicht etwa gegenseitige Rechte und Verpflichtungen gegen einander nach gerechtem Verhältnisse aufgehoben werden können, so ist die Entschädigung durch Grundstücke vor allen zu wählen. Jedoch müssen diese ihrer Lage und Umfange nach für den, der sie erhält, den bestimmten Werth haben.

§. 19.

Sowohl der Berechtigte als der Belastete kann auf Separation oder Ablösung antragen. Jener kann aber nur in sofern und in dem Maaße ein

Aequivalent fordern, als der Belastete dabei gewinnt. Der Belastete muß es dagegen, wenn er provocirt, dem Berechtigten in dem Maaße geben, daß dieser vollen Ersatz seiner wirklichen davon gehabten Benutzung erhalte.

§. 20.

Der Antrag zur Theilung, Ablösung und Abänderung stehet auch jedem Einzelnen frei, wenn er diesen Antrag durch das Zeugniß eines Kreisverordneten, daß dieser selbigen für nützlich und ausführbar halte, begründet. Dieser muß sich die Kosten, die zu der vorläufigen Untersuchung hinreichen, anweisen lassen und sich dafür verbürgen.

§. 21.

Der Antragende macht diesen Antrag der Partei, mit welcher er sich abfinden will, und zugleich dem Kreisdirector bekannt, welcher letztere von der provocirenden Partei binnen 4 Wochen eine Erklärung, ob sie sich auf den Antrag einlassen wolle, fordert. Im Falle der Verneinung muß sie doch sogleich einen Schiedsrichter aus den Landverordneten ernennen, um die Frage, ob die Theilung oder Abfindung überhaupt Statt finden könne, zu entscheiden.

§. 22.

Wenn die beiden von den Provocanten und

Provocaten ernannten Schiedsrichter über die Frage, ob Theilung oder Abfindung Statt finden könne, sich nicht vereinigen, so entscheidet der Vorsteher der Kreisverordneten, oder ein anderer von ihm Beauftragter darüber.

Dieser untersucht die Sache an Ort und Stelle, und giebt sein Gutachten, ob der Antrag des Provocanten ausführbar sey oder nicht.

Im Falle der Verneinung wird der Provocant auf 6 Jahre mit seinem Antrage zur Ruhe verwiesen; im Falle der Bejahung wird die Separation sofort eingeleitet.

§. 23.

Wenn die provocirende Partei, sie bestehe aus einem Einzelnen oder mehreren Verbundenen, ein Drittel des Werths des zur Separation kommenden Gegenstandes besitzt, so fällt die vorläufige Untersuchung auf ihr Verlangen weg, und die wirkliche Separationscommission tritt sofort ein.

§. 24.

Die Kosten der vorläufigen Untersuchung muß der Provocant auf jeden Fall übernehmen. Wenn aus einer Commune die Hälfte nach der Kopfzahl der Ackerleute, die Gespann halten oder die Einhaber der Hälfte des Grundwerths auf die Separation antragen, so findet nicht nur der Antrag ohne vorläufige Untersuchung Statt, sondern es wird der Fall auch als eine allgemein geforderte Separation betrachtet und behandelt, und es müssen daher auch die Provocaten zu ihrem Theile die Kosten mit tragen, in sofern sie zur Bestimmung ihrer Auseinandersetzung mit den Provocanten erforderlich sind.

§. 25.

Indessen stehet es den Provocaten frei, unter sich so lange sie wollen in Gemeinschaft zu bleiben, auch auf eine den gesetzmäßigen Termin nicht überschreitende Zeit eine andere Einrichtung unter sich zu treffen.

§. 26.

Gutsbesitzer, welche eine Auseinandersetzung mit einer Dorfsgemeinde oder einem andern Grundbesitzer verlangen, müssen die Kosten allein übernehmen, wenn sie anders keine freiwillige Uebereinkunft mit dem andern Theile darüber getroffen haben.

§. 27.

Sind indessen allgemeine Vermessungen und Bonitirungen auf Kosten des provocirenden Theils geschehen, und die übrigen wollen sogleich oder in der Folge für sich oder für ihren Antheil davon Gebrauch machen, so müssen sie solche pro rata ersetzen.

§. 28.

Wenn der von den Provocanten den Provocaten gemachte, dem Kreisdirector und Vorsteher der Landverordneten zugleich eingereichte Antrag an sich oder nach vorläufiger Untersuchung begründet ist, und beide Theile sich nicht etwa zu einem gütlichen Vergleich, zum Compromiß oder in der Wahl Eines Schiedsrichters vereinigen, so müssen beide Theile 4 Wochen nach der vom Kreisdirector ihnen zugekommenen Aufforderung einen Schiedsrichter ernannt und angezeigt haben, widrigenfalls der Kreisdirector mit Berathung des Vorstehers den Schiedsrichter der säumigen Partei aus den Landverordneten ernennt.

Ist eine vorläufige Untersuchung der Frage, ob der Antrag begründet sey, vorhergegangen, so stehet es den Parteien frei, bei ihrem dazu adhibirten Schiedsrichter zu bleiben oder einen andern zu wählen.

§. 29.

Die Schiedsrichter können in der Regel aus den Landverordneten desselben oder eines benachbarten Kreises genommen werden. Jedoch sind nur die desselben Kreises zur Uebernahme der Commission verbunden.

§. 30.

Die Schiedsrichter dürfen mit den Parteien, welche sie wählen, nicht in solchen Verwandtschafts-, Unterordnungs- oder andern Verhältnissen stehen, daß sie vollgültig für oder wider sie vor Gericht zu zeugen dadurch verhindert werden könnten.

§. 31.

Wenn mehrere Parteien bei einer Theilung oder Ablösung concurriren, so wählen in der Regel die Provocanten einen und die Provocaten auch nur einen Schiedsrichter. Wenn letztere jedoch ihrer verschiedenen Verhältnisse wegen ein ganz verschiedenes Interesse bei der Sache haben, so kann jede Partei einen wählen, den sie aber selbst besolden muß. Nach Beschaffenheit der Frage haben sie dann aber entweder nur eine Stimme oder nur derjenige stimmt ab, dessen Partei bei Entscheidung einer speziellen Frage vorzüglich interessirt ist.

§. 32.

Den gewählten Schiedsrichtern steht es frei, sich durch gemeinschaftliche Wahl über einen dritten zu einigen, welchen sie sich als Obmann zugesellen. Können sie sich darüber nicht vereinigen, so wenden sie sich an den Vorsteher, der den Obmann aus den Landverordneten ernennt. Verlangt es aber eine Partei, so kann die Ernennung desselben auch bei der obern Behörde nachgesucht werden.

§. 33.

Dieser Obmann muß von den Parteien sowohl als von den Schiedsrichtern dergestalt unabhängig seyn, daß er mit aller rechtlichen Wirkung sowohl für als wider sie bei den Gerichten zugelassen werden könnte.

§. 34.

Hat eine Partei gegen einen der ernannten Schiedsrichter mit Grunde etwas Erhebliches einzuwenden, so muß sie damit unmittelbar nach erhaltener Notification bei der oberen Behörde einkommen, und daß dieß geschehen sey, dem Vorsteher anzeigen.

§. 35.

Jeder Landverordnete des Kreises hat die Verpflichtung, die auf ihn gefallene Wahl anzunehmen, wenn er nicht in demselben Jahre schon so viele Auseinandersetzungen und Abfindungen übernommen oder andere Communal-Aemter oder bedeutende Vormundschaften zu verwalten hat, daß er nach dem gewissenhaften Ermessen des Kreisdirectors ohne Versäumung seiner eignen Angelegenheiten und seines Hauswesens nicht mehreres übernehmen kann.

Außerdem kann ihn nur eine Schwächung durch anhaltende Krankheit oder eine nothwendige in dem Zeitpunkte der Verhandlung treffende entferntere Reise entschuldigen.

Auch ist er nicht verpflichtet die Sache anzunehmen, wenn sein Wohnort über 7 Meilen von dem Orte, wo die Auseinandersetzung geschehen soll, entfernt ist.

§. 36.

Würde er sich ohne diese Gründe weigern, die Sache anzunehmen, so muß er dem an seine Stelle von der Partei oder von der Behörde gewählten Schiedsrichter ein Drittel seiner Gebühren, so wie auch die mehreren Reisekosten hinzuzahlen. Dieß muß er in den 3 ersten vorkommenden Fällen thun, wonach er aus der Liste der Landverordneten ausgestrichen wird.

§. 37.

Ist die schiedsrichterliche Commission bestimmt, so ertheilt ihr der Kreisdirector Namens des Königs und zufolge dieser Verordnung die Vollmacht einer Königl. Specialcommission, wodurch sie autorisirt wird, ohne Einmischung anderer Behörden,

a) das Auseinandersetzungsgeschäft nach den in dieser Verordnung bestimmten Formen zu führen und zu beendigen;

b) alle zur Aufklärung des übernommenen Geschäfts erforderlichen Nachrichten von jedermann sich zu verschaffen, und jedermann zu Erklärungen und Ablegung von Zeugnissen aufzufordern;

c) mit derselben Wirkung wie die richterlichen Behörden den Beistand von Sachkundigen, so wie auch von andern Behörden, zu erfordern.

§. 38.

Ungeachtet es einem jeden Schiedsrichter obliegt, das was zum Besten der Partei gereicht, die ihn gewählt hat, in den collegialischen Verhandlungen vorzutragen, und mit Gründen zu unterstützen; so muß er doch gegen seine berichtigte Ueberzeugung nicht darauf bestehen, sondern nach Recht und Billigkeit den Vortheil aller Parteien und die möglich beste Auskunft bezwecken. Auch muß er seine Partei nicht zu frivolen Widersprüchen, sondern zur Annahme billiger und zweckmäßiger Einrichtungen geneigt machen, und sich überhaupt nicht als Anwald sondern als Richter betragen.

§. 39.

Die Mitglieder der Commission vereinigen sich nach Maaßgabe ihrer localen und Privatverhältnisse über ihre Zusammenkünfte, Führung der Correspondenz und die Einrichtung ihrer Verhandlungen, wobei der Obmann in der Regel den Vorsitz führt.

§. 40.

Sie machen zuvörderst aus, welche Geschäfte sie selbst übernehmen oder welcher Gehülfen sie sich dabei bedienen wollen; denn nur die Leitung des Geschäfts, die Abhaltung der Haupttermine, die Untersuchung der Widersprüche, und die Entscheidung liegt ihnen unbedingt ob.

§. 41.

Die Zuziehung eines approbirten Rechtsgelehrten ist immer erforderlich, theils bei Feststellung der Theilnehmungsrechte, und zur Untersuchung und Würdigung des etwa strittigen, so wie auch zur Berathung in den §. §. 45. und 48. angeführten Fällen; theils zur Entwerfung der Rezesse über gütliche Vergleiche wegen strittiger Rechte. Uebrigens aber darf sich dieser Rechtsconsulent in die Verhandlungen nicht mischen.

§. 42.

Es hängt ferner von der Commission ab, ob sie einen in diesen Geschäften geübten, der Wirthschaft und der Geometrie zugleich kundigen Geschäftsmann zuziehen, demselben die Einziehung genauerer Erkundigungen, die vorläufige Beurtheilung des Locals und der Verhältnisse, die Rücksprache mit den einzelnen Interessenten, die Aufsicht bei der Bonitirung, dann die Berechnung der Ausgleichung und die Entwerfung des Theilungsplans ganz oder zum Theil übertragen, oder ob sie diese Geschäfte selbst übernehmen will, und die Mitglieder sich etwa darin zu theilen beschlössen. Bei einfacheren Fällen wird es eines solchen Mannes nicht bedürfen; bei complizirteren wird er aber nöthig seyn, indem es von den Schiedsrichtern nicht verlangt werden kann, daß sie ihre ganze Zeit der Sache widmen.

Weiß sich die Commission über einen solchen Mann nicht zu entscheiden, so wendet sie sich an den Kreisvorsteher. Ist der Commissarius in der Feldmeßkunst genugsam geübt, so kann ihm zugleich die Vermessung übertragen werden. Auch kann er die Führung des Protokolls und anderer nöthigen Schreibereien übernehmen.

§. 43.

Die Commission macht ihren Auftrag durch einen Anschlag an die Kirchthüren des oder der Kirchspiele, worin die betroffenen Grundstücke liegen, bei den Gerichten, worunter sie gehören, bei der Behörde, welche das Hypothekenbuch darüber führt, und bei dem landschaftlichen Creditinstitute, wenn sie damit in Verbindung stehen, und wo sie es sonst nöthig finden möchte, auch bei wichtigeren Fällen in den Intelligenzblättern der

Provinz bekannt, und fordert jeden, der ein Interesse bei ihrem Geschäfte zu haben vermeint, zur Anmeldung desselben mit der Verwarnung auf, daß auf unangemeldete Ansprüche

a) nach der ersten öffentlichen Sitzung nur in sofern, als die dabei Interessirten die durch die spätere Meldung entstehenden Mehrkosten übernehmen;

b) nach der zweiten öffentlichen Sitzung aber gar nicht weiter bei der Auseinandersetzung oder Abfindung Rücksicht genommen, sondern den Interessenten nur belassen bleiben soll, ihre Forderung gegen diejenigen, welche durch deren Uebergehung erweislich gewonnen haben, so weit geltend zu machen, als dies mit Aufrechthaltung des abgeschlossenen Auseinandersetzungs- oder Abfindungsgeschäfts noch geschehen kann.

Sie zeigt sodann der obern Behörde an, daß sie das Geschäft übernommen und begonnen habe.

§. 44.

Sie setzt nun den ersten oder Instructionstermin an. In demselben bemüht sich die Commission eine vollständige Uebersicht der Realitäten und Rechte, welche zur Auseinandersetzungs- oder Abfindungsmasse kommen oder darauf Bezug haben, und der Ansprüche, welche darauf gemacht werden, durch Vernehmung der Interessenten und anderer kundiger Personen, auch mittelst der Hypothekenscheine, die sie fordert, auch jedes offenen und rechtlichen Mittels zu erlangen.

§. 45.

Die Theilnehmungsrechte werden danach genau ausgemittelt, und wenn gegen die Ansprüche, die der eine macht, von andern Zweifel erhoben werden, so wird die Sache durch den zugezogenen Rechtsgelehrten provisorisch untersucht.

Die Commission darf sich zwar keine Entscheidung über strittige Gegenstände anmaaßen, aber sie kann sich nach der genauern Untersuchung und dem Gutachten des Rechtsgelehrten überzeugen, ob die An- und Widersprüche Grund zu haben scheinen oder nicht.

Wenn sie sich überzeugt hält, daß gewisse Ansprüche nur hervorgesucht und unbegründet sind, so kann sie in ihren Arbeiten fortfahren, und diejenige Partei, welche ihrer Ueberzeugung nach diese unbegründeten Ansprüche macht, provociren, solche binnen ? Tagen auf dem Wege Rechtens auszuführen.

§. 46.

Sind die strittigen Gegenstände zweifelhaft,

so kommt es darauf an, ob sie von der Art sind, daß ihre Entscheidung auf den Theilungsplan einen wesentlichen das Ganze abändernden Einfluß haben können. Ist dies der Fall, so sistirt sie ihre Verhandlungen bis zu gerichtlich ausgemachter Sache.

§. 47.

Ist das strittige Object von minderer Bedeutung in Hinsicht des Theilungsplans, so kann der in Besitz befindliche Theil sich verbindlich machen oder verbindlich gemacht werden, der klagenden Partei die von der Commission nach den Grundsätzen des Separationsplans bestimmte Entschädigung auf dem Fall zu geben, daß gegen ihn rechtlich entschieden würde, und somit kann das ganze Geschäft seinen Fortgang nehmen.

§. 48.

Uebrigens versucht die Commission auf jede offene und rechtliche Weise einen Vergleich mit Hülfe der zugezogenen Justizperson über strittige Gegenstände zu Stande zu bringen.

§. 49.

Bei den sämmtlichen Verhandlungen dürfen keine practisirende Justizcommissarien als Anwalde oder als Vertreter der Parteien zugelassen werden.

Diejenigen Leute, welche als Winkeladvocaten notorisch berüchtigt sind, kann die Commission auf der Stelle zurückweisen, wenn sie sich in die Verhandlungen mischen wollen.

§. 50.

Die Justizbehörden werden angewiesen, Streitigkeiten über Theilnehmungsrechte bei wirklich schon in Gang gesetzten Theilungs- und Ablösungs-Angelegenheiten vor andern schleunig zu entscheiden, auch besonders das Gutachten der Theilungs-Commission und der dabei zugezogenen Justizpersonen, welche über die Lage der Sache die beste Auskunft geben können, darüber zu vernehmen.

§. 51.

Die Commission vernimmt insbesondere die Provocaten, ob und was sie gegen die Vorschläge der Provocanten einzuwenden haben.

Es werden jenen die Vortheile vorgestellt, welche sie selbst von einer solchen Auseinandersetzung erlangen würden. Zugleich aber wird ihnen bedeutet, daß ihr Widerspruch die Abfindung derer, welche sie verlangen, nun durchaus nicht weiter verhindern könne, sondern daß es lediglich auf die Art derselben ankomme, worin sie sich der Entscheidung der Behörden unterwerfen müßten.

§. 52.

Ist die Sache von der Art, daß sie ohne genaue Untersuchung aller Verhältnisse, ohne allgemeine Vermessung und Bonitirung mit Einwilligung aller Theile zu Stande gebracht werden kann, so muß sich die Commission bemühen, eine solche Abfindung in Pausch und Bogen durch gütlichen Vergleich auf jede rechtliche Weise zu befördern. Protestirt aber ein Theil dagegen, so muß der Werth dessen, was ein jeder zur Theilung bringt und wieder erhält, gründlich ausgemittelt werden.

§. 53.

Wenn der Antrag nur von einem kleineren Theile einer Gemeinde geschehen ist, so versuche die Commission, ob mehrere der Provocation beitreten wollen, damit auf die Weise nach §. 24. eine allgemeine Theilung bewirkt werden könne.

§. 54.

Hiernächst veranlaßt die Commission die speziellen Vermessungen, Bonitirungen und Abschätzungen, welche zu Vollführung ihres Geschäfts erforderlich sind.

§. 55.

Alle diese Arbeiten, wodurch der Werth des zur Auseinandersetzung oder Abfindung kommenden Eigenthums speziell ermittelt wird, darf die Commission (jedoch mit Ausnahme des am Schlusse dieses §. angegebenen besondern Falles) bei Strafe der Nichtigkeit nicht selbst übernehmen, sondern sie muß dieselben von ihr zu wählenden Feldmessern, Oeconomie-Commissarien oder andern Sachverständigen übertragen.

Sie muß diesen alle ihr bekannte Data geben, die auf die Richtigkeit und Gründlichkeit ihrer Arbeit Einfluß haben können, und sie zu gewissenhafter und schleuniger Erfüllung des Auftrages anhalten.

Sie darf ihnen auch Vorschriften über die Art und Form ihres Verfahrens geben.

Nur in ihr spezielles Urtheil über die Größe, die Beschaffenheit und den Werth einer Landfläche, eines Gebäudes oder anderer Anlagen und über die Data zur Berechnung des Betrages des Einkommens aus irgend einer Berechtigung, oder den Betrag des Nachtheils aus irgend einer Belästigung, muß sie durchaus sich keinen Einfluß verstatten.

Sollten indessen beide bei der Auseinandersetzung interessirte Parteien ausdrücklich in vollem Einverständniß darauf antragen, daß die Vermessung, Bonitirung und Abschätzung ganz oder zum Theil von den Schiedsrichtern gemeinschaftlich, oder von einem derselben übernommen werde; so ist ihnen gestattet, diesen Auftrag, falls sie es selbst angemessen finden, anzunehmen.

§. 56.

Obwohl die Wahl der zu den Vermessungen und Abschätzungen erforderlichen Sachkundigen ganz von der Commission abhängt, so ist sie doch verpflichtet, dieselbe den Parteien bekannt zu machen, und ihre Einwendungen dagegen zu hören.

§. 57.

Wenn bei der Vermessung Zweifel an der Richtigkeit derselben entstehen, so hat jeder Interessent das Recht, eine Untersuchung derselben oder neue Vermessung zu verlangen, weshalb die Landmesser angehalten werden müssen, die Hauptlinien oder das Netz, welches sie gezogen haben, wenn es verlangt wird, auf der Karte darzustellen und vorzulegen.

In welchen Fällen der Feldmesser die Revisionskosten zu tragen hat, oder gar noch überdies zur besondern Verantwortung und Strafe zu ziehen ist, bestimmt ein zu erlassendes neues Feldmesser-Reglement.

Soweit hiernach die Revisionskosten dem Feldmesser nicht zur Last fallen, bezahlt sie der Interessent, auf dessen Antrag die Revision veranlaßt worden ist.

Kommen beide Parteien überein, die Messung revidiren zu lassen, so gehören die Revisionskosten, so weit sie dem Feldmesser nicht zur Last fallen, zu den allgemeinen Theilungskosten.

§. 58.

Da auf eine richtige Bonitirung und Taxation der Grundstücke das Meiste ankommt, so muß es sogleich ein Hauptgeschäft der oben bestimmten ökonomischen Kreisbehörde seyn, die für den Kreis etwa nöthigen Modifikationen der allgemeinen Abschätzungsgrundsätze auszumitteln und vorzuschlagen. Es wird daher ein jedes Mitglied aufgefordert, die ihm innerhalb des Kreises bekannten Bodenarten mit der in jenen Grundsätzen angegebenen Characteristik der Klassen, sowohl in Ansehung ihrer physischen Beschaffenheit als ihrer Ertragsfähigkeit, zu vergleichen, und seine Bemerkungen darüber dem Vorsteher einzusenden. Dieser thut sodann in einem Gut achten der oberen ökonomischen Behörde Vorschläge, in wiefern und aus welchen Gründen die Mittelsätze der Bodenklassen, die in jedem Kreise vorkommen, zu erhöhen oder zu erniedrigen, und welche nähere Bestimmungen darüber anzunehmen seyn. Die obere Behörde entscheidet — in zweifelhaften Fällen nach vorgenommener Untersuchung und eingeholtem anderweitigem Gutachten — ob und in wiefern die vorgeschlagenen Abänderungen zur Norm für den Kreis genommen werden sollen.

§. 59.

Es werden sodann für jede in dem Kreise vorkommende Bodenart gewisse Fluren oder Breiten ausgemittelt, für welche sich der angenommene Mittelwerthssatz recht eigentlich paßt, und auf diese werden die Bonitirer sowohl als die Taxatoren, als auf einen Normalboden, verweisen, mit welchem sie jeden abzuschätzenden Boden zu vergleichen haben.

§. 60.

Die Bonitirung geschiehet nach der in den Abschätzungsgrundsätzen vorgeschriebenen Weise, und, wenn es der Wechselung des Bodens wegen nöthig scheint oder von einer Partei verlangt wird, von jedem Stücke oder sogenannten Hufe besonders.

§. 61.

§. 61.

Ob ein, zwei oder drey Bonitirer genommen werden sollen, hängt von der Entscheidung der Commission nach dem Verlangen der Interessenten ab.

§. 62.

Das Bonitirungsprotokoll und die Taxe — oder wenn eine allgemeine Taxation nicht nöthig befunden wäre — die Ausgleichungssätze mit ihrer Anwendung auf jeden speziellen Fall liegen nach der Wichtigkeit des Gegenstandes vierzehn Tage bis vier Wochen an einem dazu bestimmten Orte zu jedermanns Einsicht offen, und daß sie dort vorliegen, wird von der Commission auf eine angemessene Art bekannt gemacht.

§. 63.

Nach Ablauf dieser Frist hält die Commission in Gegenwart der Parteien, sämmtlicher in der Sache bisher gebrauchter Sachverständigen und jedes rechtlichen Mannes, der dabei seyn will, die zweite öffentliche Sitzung, in welcher sie die Bedenken vernimmt, die gegen die Bonitirung und Taxe erhoben werden. Sie sucht jeden Zweifel auf der Stelle aufzuklären, und fährt damit fort, bis sie die Bonitirung und Taxe auf Pflicht und Gewissen für durchaus berichtigt anerkennen zu dürfen glaubt.

Falls eine Partei auf eine neue Bonitirung durch andere Bonitirer oder auf eine andre Taxation, die alsdann der Vorsteher des Kreises übernimmt, bestehet, so muß es ihr zugestanden werden, wenn sie die Kosten davon tragen will.

§. 64.

Hierauf wird der Vertheilungsplan entweder von der Commission gemeinschaftlich, oder von einem, durch die andern beiden damit beauftragten Mitglieder, oder von einem Oekonomie kundigen Geschäftsmann, den die Commission wählet, entworfen; und nachdem die Commission ihn im Ganzen genehmigt hat, soweit völlig ausgearbeitet, daß er nicht nur nachweiset, was jeder abtritt und wieder bekommt, sondern auch alle Communal-Anstalten an Brücken, Wegen, Einhägungen u. s. f. enthält, welche durch die neuern Verhältnisse nothwendig werden, auch angiebe, von wem sie künftig unterhalten werden sollen; indem auf die Schadloshaltung wegen des letztern bei dem Plane mit gesehen werden muß.

§. 65.

Bei diesem Theilungs- und Abfindungsplan ist nun nicht allein darauf zu achten, daß ein jeder den Werth, den er zur Theilung gebracht, in gerechtem Verhältnisse wieder, sondern auch in der Art bekomme, daß er ihn nach der Verbindung der verschiedenen Theile untereinander und nach seiner Lage und Zustande wirthschaftlich benutzen könne.

§. 66.

Wenn eine vollkommene Theilung in letzterer Hinsicht, z. B. wegen der Unbrauchbarkeit eines Landstrichs ohne andre Hülfsmittel, oder wegen der entfernten Lage und des nach vorhandenen Umständen, unmöglichen Abbaues, nicht ausführbar scheint, so kann eine partielle Theilung oder Abfindung Statt finden; wobei ein Theil privativ wird, ein anderer Theil aber zur gemeinschaftlichen Nutzung nach einer festzusetzenden Ordnung und Theilnehmungsrechten, verbleibet. An dieser Einrichtung können jedoch die Parteien nur bis zu einem gewissen Termine, höchstens von zwölf Jahren, gebunden werden. Vergl. §. 12.

Die Commission muß deshalb auf den verständigen Wunsch der Parteien und auf ihre Darstellung der Lage, worin sie sich dermahlen befinden, Rücksicht nehmen.

§. 67.

Dieser Plan liegt wie die Taxe §. 62. vierzehn Tage bis vier Wochen zur freien Beurtheilung offen.

§. 68.

Nach Ablauf dieser Frist wird eine dritte, öffentliche Sitzung, wie §. 63., von der Commission gehalten, in welcher die Parteien mit dem Plane an Ort und Stelle anschaulich bekannt gemacht, und sonst jedes dritten dabei Interessirten Bedenken gehört und erwogen werden. Sollten dabei gegen den Plan wichtige Bedenken vorkommen, welche nicht auf der Stelle gehoben werden könnten, und entweder eine erhebliche Veränderung oder eine gänzliche Umarbeitung desselben nothwendig machen, so wird die Sitzung vertagt bis dies geschehen ist.

Auf jeden Fall aber wird die Anhörung und Erwägung der Bedenken gegen den Plan so lange fortgesetzt, bis die Commission denselben auf Pflicht und Gewissen für durchaus berichtigt und zweckmäßig annehmen zu können glaubt.

§. 69.

Sollten jedoch nur gleichartige Grundstücke nach gleichen oder anerkannten Theilnehmungsverhältnissen zu theilen seyn, oder die Parteien sich auf den

Verschlag der Commission zu einer Theilung und Abfindung in Pausch und Bogen nach §. 52. vergleichen, so bedarf es des Termins zur Berichtigung der Taxe nach §. 63. nicht, und kann sogleich der Termin zur Vorlegung und Ausführung des Plans angesetzt werden.

§. 70.

Bei dem ganzen Verfahren müssen die Parteien soweit persönlich erscheinen, als sie nicht durch Krankheit oder öffentliche dringende Dienstgeschäfte daran verhindert werden. Personen, die außer der Provinz verreist oder unter Kuratel gesetzt sind, müssen durch gehörig legitimirte Bevollmächtigte vertreten werden. Jeder Partei steht es frei, so viel sachverständige Beistände, als sie selbst will, mitzubringen, nur soll hiebei kein prozessualisches Verfahren Statt finden, und es müssen dies daher keine praktisirende Justizcommissarien, noch weniger aber als Winkeladvokaten berüchtigte Leute seyn.

§. 71.

Parteien, welche nicht persönlich, oder in den Fällen, wo sie nach §. 70. deshalb entschuldigt sind, durch gehörig legitimirte Bevollmächtigte erscheinen, werden für einwilligend geachtet und so angesehen, als hätten sie sich der Einwendungen gegen die in ihrer Abwesenheit gepflogenen Verhandlungen begeben.

§. 72.

Sobald der Theilungsplan von der Commission für völlig berichtigt angenommen ist, erklärt sie dies den Parteien und setzt ihnen eine vierzehntägige Frist, in welcher ihnen der Recurs an die obere Behörde offen bleibt:

a) wenn sie auf eine die Vermuthung begründende Art nachweisen,

α) daß über strittige Rechte entschieden, und keine Rücksicht nach §. 45. und 46. darauf genommen sey;

β) daß die Commission offenbar gegen Vorschriften dieser Verordnung verfahren sey;

γ) daß ein Mitglied der Commission sich einer Unlauterkeit bei den Verhandlungen habe zu Schulden kommen lassen, inbesondere eine Bestechung angenommen, oder in Verbindungen und Verhandlungen mit einer Partei getreten sey, die auf die Sache Bezug habe;

b) wenn sie mit Gründen, die durch das Gutachten eines Kreisverordneten unterstützt seyn müssen, vor Ablauf jener Frist nachweisen:

daß sie bei dem Theilungsplane ihre Grundstücke nicht wirthschaftlich benutzen, oder dabei mit ihrer Wirthschaft nicht bestehen können, und in einen offenbar schlechteren Zustand, als worin sie vorher war, versetzt worden seyen.

§. 73.

Sie müssen in dem Falle dem Kreisdirektor anzeigen, daß sie diesen Recurs ergriffen haben und ihm eine Abschrift ihrer Eingabe zustellen.

§. 74.

Wenn die obere Behörde die Vorstellungen nach vorläufiger Erkundigung nicht unbegründet findet, so muß sie die Sache, zufolge der zu ertheilenden Instruction an Ort und Stelle untersuchen lassen. Fällt das Unbegründete der Klage nach vorläufiger Erörterung in die Augen, so weiset sie solche sogleich ab.

§. 75.

Wird die Klage nach geschehener Untersuchung unbegründet befunden, so wird der klagende Theil zur Zahlung aller Kosten und Gebühren, die sie veranlaßt hat, angehalten.

Wird sie begründet gefunden, in Ansehung der in §. 72. unter a. genannten Puncte, so cassirt die obere Behörde das ganze Verfahren, macht das

Cassationsdecret öffentlich bekannt und überläßt es den sämmtlichen Interessenten, die Commission oder das schuldig befundene Mitglied derselben wegen Schadloshaltung für Kosten, Zögerung und jeden andern aus der Nichtigkeit des Verfahrens für sie entstehenden Nachtheil rechtlich in Anspruch zu nehmen.

Ist die Beschwerde aber nur auf den in §. 72. sub b. bestimmten Falle begründet, und wird von der obern Behörde auf eine Abänderung oder Remedur erkannt, so kommt es in Ansehang der Traaung der fernern Kosten darauf an, ob der Appellant seine Beschwerden der Spezial-Commission in den öffentlichen Sitzungen §. 63. und 68. schon vorgestellt habe oder nicht. Hat er diese Gegenvorstellung damals verabsäumt, so fallen ihm die Revisions- und Remedur-Kosten allein zu. Wenn seine Vorstellung aber nicht beachtet oder zurückgewiesen worden, so kommen sie in die allgemeine Masse der Separationskosten. Die Protokolle müssen dieses ausweisen.

§. 76.

Auf jeden Fall berichtet die Spezial-Commission der oberen Behörde die Vollendung ihres Geschäftes und das Haupt-Resultat desselben.

Diese ertheilt, wenn in der bestimmten Frist keine Reclamationen erfolgt sind, oder wenn dieses geschehen, nachdem sie erledigt, oder ihnen abgeholfen worden und der Theilungsplan von ihr als völlig berichtigt anerkannt ist, ihre Zustimmung.

§. 77.

Darauf wird der Separationsplan dem Gerichte, worunter die Grundstücke oder Rechte, über welche entschieden worden, stehen, vorgelegt.

Dieses ist verpflichtet, denselben ohne alle Einwendungen zu bestätigen, und nur

a) sich die Sicherstellung der Obereigenthümer, denen ein Eigenthum vorbehalten worden, der Lehn- und Fideicommiß-Interessenten, der ingrossirten Gläubiger und Vorkaufsberechtigten nach §. 78. 79. 80. nachweisen zu lassen;

b) die Eintragung der veränderten Verhältnisse in die Hypothekenbücher zu veranlassen;

c) die gerichtliche Uebergabe der erworbenen Landantheile oder Rechte zu besorgen, und jeden Interessenten in den ihm nach dem vorgelegten Plane zustehenden Besitz zu setzen.

§. 78.

Die Theilung von Gemeinheiten und die Ablösung von Servituten und Prästationen kann ohne

Einwilligung der Obereigenthümer von denen, die ein erbliches Nutzungsrecht haben, angenommen und gefordert werden.

Jedoch muß entweder erwiesen seyn, daß der erhaltene Ersatz in der Substanz des Gutes verbleibe oder darin verwandt werde; oder es muß eine Erklärung des Obereigenthümers vorgelegt werden, daß er durch eine andre Verwendung seine Rechte nicht gefährdet halte.

§. 79.

Auf eben die Weise können auch Besitzer von Lehen und Fideicommissen, so wie auch die Landgesessenen, die noch ? Jahre im Besitz eines Gutes bleiben, die Entbindungen von Gemeinheiten, Ablösungen, Servituten und Rechten fordern und annehmen, wenn sie dem Gerichte die Verwendung eines empfangenen Ersatzes in die Substanz des Lehns, Fideicommisses oder verpfändeten Gutes nachweisen.

§. 80.

Ingrossirte Gläubiger können der Auflösung von Gemeinheiten oder Ablösung von Servituten und Leistungen niemals widersprechen. Aber das bestätigende Gericht ist gehalten, sich zu ihrer Sicherheit

a) entweder die Verwendung eines angemessenen Ersatzes in die Substanz des Guts,

b) oder die Erklärung derselben, daß sie durch eine andre Verwendung ihre Rechte nicht gefährdet achten, nachweisen zu lassen.

§. 81.

Da die Ober-Eigenthümer, Lehns- und Fideicommiß-Interessenten und ingrossirte Gläubiger zur Wahrnehmung ihrer Rechte in den öffentlichen Terminen aufgefordert sind so haben die Gerichte besonders nur in solchen Fällen darauf zu achten, wo Auseinandersetzungen durch gütlichen Vergleich oder im Pausch und Bogen geschehen sind.

Wenn in solchen Fällen Zweifel eintreten, so soll die Entscheidung, ob der in die Substanz des Guts verwandte Ersatz angemessen sey, auch durch die obere Behörde mittelst einer dazu ernannten Commission und nicht durch das Gericht statt finden.

§. 82.

Die Landschaft hat in Beziehung auf Auseinandersetzungen und Ablösungen bepfandbriefeter Güter die Rechte jedes andern ingrossirten Gläubigers. Die bloße General-Garantie giebt ihr gar kein Recht zur Einmischung in dieses Geschäft.

§. 83.

Zeitpächter können auf die Entbindung von Gemeinheiten oder Ablösung von Servituten und Leistungen zwar nicht antragen, solche aber auch nicht hindern, sondern nur volle Entschädigung für erweisliches Interesse fordern. Ueber den Betrag dieser Entschädigung findet kein Prozeß Statt, sondern sie muß von den Schiedsrichtern in dem Auseinandersetzungs- und Abfindungsplan mit aufgenommen und festgesetzt werden.

§. 84.

Die Commission ist nicht gehalten, Vorschüsse zu machen; wohl aber muß sie dafür sorgen, daß alle von ihr zugezogene Sachverständige, wie auch alle sonst vorfallende Kosten schnell und richtig bezahlt werden. Sind die Parteien hierin säumig, so kann sie eine polizeyliche Beitreibung von den Behörden verlangen. Auch kann sie, falls sie es nöthig findet, einen Vorschuß oder baare Bürgschaft von derjenigen Partei, welche die Kosten zu tragen hat, fordern.

§. 85.

Die Landverordneten erhalten ohne Unterschied des Standes, wenn sie in Geschäften außerhalb ihrem Wohnorte sind, täglich ? Rthlr. Diäten und p. Meile ? Gr. Reisekosten, wenn sie nicht von den Parteien sich lieber wollen abholen lassen, und in sofern nicht ein Anderes ausdrücklich verabredet worden. Dabei muß ihnen an dem Orte ihres Geschäftes freies Quartier, Feurung und Geschirr, auch nöthige Aufwartung gegeben werden.

Die Reisekosten und die Hälfte der Diäten müssen ihnen sogleich, die andere Hälfte der letztern kann ihnen erst nach vollendetem Geschäfte ausgezahlt werden.

§. 86.

Wenn der Vorsteher der Landverordneten als solcher zugezogen wird, und sich an Ort und Stelle begeben muß, so erhält er ? Rthlr. Diäten. Wird er jedoch nur als ein anderer Schiedsrichter zugezogen, so erhält er nicht mehr wie diese.

Für jeden Brief, den er als Vorsteher in diesen Angelegenheiten schreibt, kann er ? Gr. liquidiren. Wenn er ausführlichere Gutachten zu machen hat, werden seine Gebühren von der oberen Behörde bestimmt.

§. 87.

Die Bezahlung der bei dem Geschäfte erforderlichen Geschäftsmänner, Feldmesser, Sachverständigen und andern Gehülfen wird von der Auseinandersetzungs = Commission mit denselben bedungen.

§. 88.

Wenn bei einer allgemeinen Theilung, wo nach §. 24. alle Interessenten die Kosten pro rata tragen müssen, ein Grundstück verkauft werden kann, ohne der neuen Einrichtung wesentlich zu schaden, so kann es auf Verlangen der Interessenten von der Commission nach öffentlicher Bekanntmachung meistbietend geschehen, um dadurch die Kosten der Auseinandersetzung zu decken, und es wird, insofern nur dieses geschieht, als in die Substanz des Guts eines jeden Interessenten verwandt, angesehen.

§. 89.

Kann bei der Theilung einer Gemeinheit ohne erheblichen und unverhältnißmäßigen Verlust für die Interessenten ein kleines Grundstück zu einer nützlichen Communal = Einrichtung, insbesondere zu einem Gartenplatze für den Schulmeister ausgewiesen werden, so muß die Commission darauf antragen; und die Majorität der Interessenten, nach dem Theilungswerthe ihrer Grundstücke und Rechte, ist zureichend dieses zu bestimmen.

§. 90.

Alle Dispositionen des allgemeinen Landrechts, der Gerichtsordnung, der Provinzialgesetze, und sonstigen über Auseinandersetzung und Ablösung von ländlichen Gemeinheiten, Servituten, Bannrechten und Diensten, auch Natural- oder Geldabgaben erlassenen Anordnungen, sind, so weit sie dieser vorstehenden Verordnung entgegen stehen, gänzlich dergestalt aufgehoben, daß daraus keine Veranlassung, ein nach dieser Verordnung zu führendes oder geführtes Auseinandersetzungs- oder Ablösungsgeschäft anzufechten, oder dasselbe noch irgend anderen Modalitäten, als den hiermit festgesetzten, zu unterwerfen, unter keinerlei Vorwande jemals entnommen werden soll.

Eine genauere Anweisung zum Verfahren für die Schiedsrichter und Commissarien würde, mit Berücksichtigung der verschiedenen Ortsverhältnisse, gegeben werden können, wenn die Idee im Ganzen Beifall und Genehmigung erhält.

FSC
www.fsc.org
MIX
Papier | Fördert
gute Waldnutzung
FSC® C083411

Kolibri 360 GmbH
Ferdinand-Jühlke-Straße 7
99095 Erfurt, Deutschland
produktsicherheit@kolibri360.de